어린이 독서·토론·논술 따라잡기는
읽기와 쓰기부터 어휘력·문해력·문장력까지 공부의 기초체력을 키워줍니다.

추천사

어린이 독서·토론·논술 따라잡기가 왜 필요할까요?

2022년 개정교육과정은 "왜?"라는 질문을 중시합니다.

"엄마, 자장면이 먹고 싶어요."

"그래? 그럼 먹으러 가자."

그렇게 말하는 것은 7차 교육과정입니다. 2022년 개정교육과정은 이렇게 말해야 합니다.

"우리 대장이 자장면이 먹고 싶구나. 그런데 볶음밥도 있고 짬뽕도 있고 우동도 있는데 왜 자장면이 먹고 싶지?"

이 물음에 아이가 "그냥 먹고 싶어요."라고 대답했다면 그것 또한 7차 교육과정 스타일입니다.

이제 아이는 "왜?"라는 엄마의 물음에 구체적으로 또박또박 '자장면이 먹고 싶은 이유'를 말해야 합니다. 그것이 2022년 개정교육과정에서 추구하는 것입니다.

결국 공부의 핵심은 근원을 따져 밝히고 자신의 의견을 논리적으로 진술하는 데 있습니다. 그것이 바로 논술이며, 이 훈련은 어렸을 때부터 꾸준히 길러 주어야 합니다.

우리는 아이들에게 동화책을 읽힙니다. 책을 읽은 아이에게 엄마는 이렇게 묻습니다.

"재미있니?"

아이는 대답합니다.

"네."

그걸로 끝입니다.

동화는 우리 아이들에게 꿈과 용기와 올바른 삶의 방식을 가르쳐 줍니다. 그것을 좀더 확실하게 깨우치게 하려면, "재미있니?"라는 질문만으로는 곤란합니다.

"왜 그랬을까?" "만일에 그 때 주인공이 이렇게 했다면 결과는 어떻게 달라졌을까?" "잠깐만, 그 방법밖에 없었을까?"

우리 아이들의 호기심을 자극하고 생각을 확장시킬 수 있는 질문을 던져 준 다음에 조리 있는 답을 말할 수 있도록 유도해야 합니다. 그리고 그것을 글로 쓰면 논술이 되는 것입니다.

그런 의미에서 **'어린이 독서·토론·논술 따라잡기'** 를 정성껏 만들었습니다. 단순히 읽는 것에서 그치는 것이 아니라, 내용의 확실한 이해를 바탕으로 생각을 넓혀 갈 수 있도록 꾸몄습니다.

이 책을 잘 활용하면 우리 아이들의 사고력과 탐구력, 그리고 창의성이 무럭무럭 자랄 것입니다. 그것이 공부의 핵심입니다.

문학 박사 서 한 샘

어린이 독서·토론·논술 따라잡기 ⑤

「미운 오리 새끼」 읽고 토론·논술 따라잡기

미운 아기 오리는 정말 못생겼을까요

주식회사 자유지성사

미운 아기 오리를 어떻게 읽을까요

미운 아기 오리는 태어날 때부터 다른 오리 형제들에 비해 못생겼어요. 그래서 다른 오리는 물론이고 형제들까지도 미운 아기 오리를 싫어했지요.

외로운 미운 아기 오리는 혼자서 길을 떠날 수밖에 없었어요.

길을 떠난 미운 아기 오리는 정말 많은 고생을 해야 했어요. 모두들 자기가 못생겨서 싫어한다고 생각했기 때문에 혼자 쓸쓸하게 지내야 했지요.

아무에게도 도움을 받을 수 없다고 생각했기 때문에 어떤 어려움도 혼자서 잘 견디고 참아냈어요. 미운 아기 오리는 누구나 자기 힘으로 살아야 된다는 것을 잘 알려 주고 있지요.

겨울에 연못에서 얼어 죽을 뻔한 일도 있었지만 미운 아기 오리는 무사히 봄을 맞이했어요. 그런데 어느 날 미운 아기 오리는 연못에 비친 아름다운 백조 모습을 보게 되지요. 바로 자기 모습이었어요. 미운 아기 오리 시절에 세상에서 가장 부러워했던 모습이었지요.

미운 아기 오리는 부모님으로부터 물려받은 겉모습은 그다지 중요하지 않다는 것을 말하고 있어요. 많은 노력 끝에 스스로 가꾼 아름다운 속마음이 더 중요하다는 것을 알려 주고 있지요.

- 추천사 2
- 도움말 4
- 미운 아기 오리는 정말 못생겼을까요 6
- 생각지도 랄랄라 30
- 퀴즈가 으쓱으쓱 32
- 생각이 깡충깡충 34
- 이야기가 술술술·1 36
  - 이야기가 술술술·1-그림 그리기 38
- 이야기가 술술술·2 40
  - 이야기가 술술술·2-그림 그리기 42
- 마음이 쑥쑥쑥 44

미운 아기 오리는 정말 못생겼을까요

따뜻한 봄날이었어요. 아기 오리 여러 마리가 알을 깨고 태어났어요.
"정말 귀엽게 생겼구나."
엄마 오리는 흐뭇하게 아기 오리들을 바라보았어요.
그런데 나머지 한 개 알이 꿈쩍도 하지 않았어요. 나이 먹은 오리들이 다가와 알을 유심히 살폈어요.
"저 알은 오리 알이 아니야. 칠면조 알이 분명해."
"정말 생김새도 크고 껍질도 단단해 보여. 그만 품어라."

　나이 먹은 오리들이 그렇게 말했지만 엄마 오리는 포기하지 않았어요.
　"조금만 더 품어 볼래요. 분명히 건강하고 튼튼한 아기가 태어날 거예요."
　하루가 지나고, 이틀이 지나고, 사흘이 지나고…….
　마침내 큰 알이 쩌억 금 가는 소리를 냈어요. 그리고 아기 오리가 태어났어요.
　"어머나, 이 애는 왜 이렇게 생겼을까?"
　엄마 오리는 새로 태어난 아기 오리를 보고 깜짝 놀랐어요.
　꽥꽥꽥, 우는 소리도 요란하고 몸집도 다른 아기 오리들보다 훨씬 컸어요. 또 너무 못생겼고요.

"정말 칠면조 알이었을까? 하지만 괜찮아. 내가 품어서 태어난 아기는 모두 다 소중하니까."

엄마 오리는 더 이상 걱정하지 않았어요.

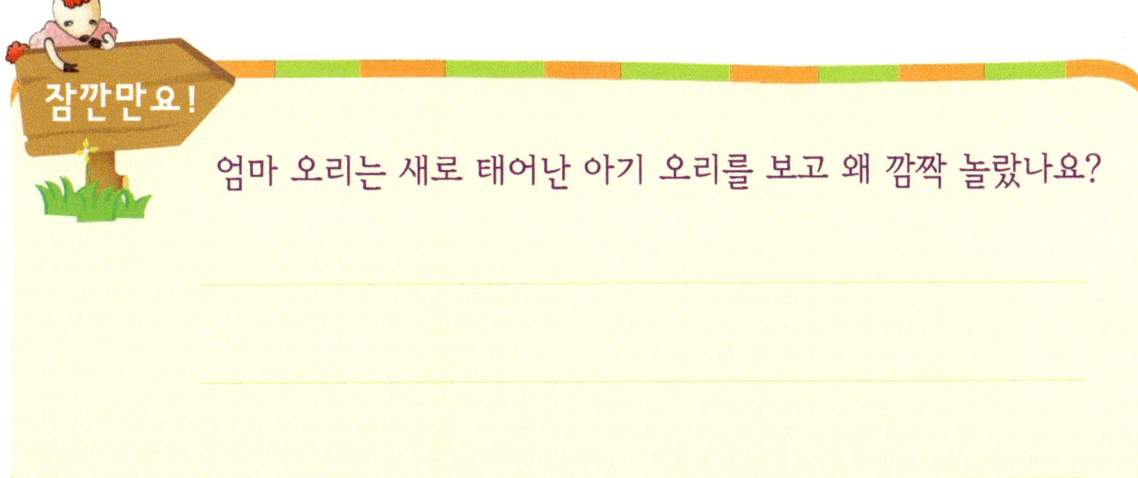

잠깐만요!

엄마 오리는 새로 태어난 아기 오리를 보고 왜 깜짝 놀랐나요?

　이튿날, 엄마 오리는 아기 오리들을 데리고 연못으로 갔어요. 아기 오리들은 모두 물속으로 풍덩, 뛰어들어 갔어요. 미운 아기 오리도 신나게 헤엄을 치며 놀았어요.
　"내 아기가 분명해. 칠면조는 헤엄을 칠 줄 모르는데 저 애는 다른 오리들보다 헤엄을 더 잘 치잖아."
　엄마 오리는 부지런히 헤엄을 치며 노는 미운 아기 오리를 보며 안심을 했어요.

그런데 다른 집 오리가 빠르게 달려들어 미운 아기 오리를 덥석 물었어요.

"건드리지 말아요! 그 애가 무슨 짓을 했길래 못 살게 굴지요?"

"저렇게 미운 오리는 우리 오리들의 수치라고요!"

"저 아이는 지금은 예쁘지 않아요. 하지만 자라면서 예뻐질 거예요!"

엄마 오리와 다른 집 오리가 다투는 동안 미운 아기 오리는 겁이 나서 덜덜 떨었어요.

같이 태어난 오리 형제들도 미운 아기 오리를 몹시 괴롭혔어요. 먹을 것도 모두 빼앗고, 물어뜯고 쪼고, 놀렸어요.

"너 같은 건 고양이한테 물려가야 해. 너만 보면 기분이 나빠!"

"너처럼 미운 오리가 우리 형제라는 것이 너무 부끄러워!"

엄마 오리는 지쳐 잠이 든 미운 아기 오리가 너무 불쌍했어요.

"후유, 차라리 어디건 멀리 가 주었으면……. 그래서 마음 편하게 살았으면 좋으련만."

엄마의 한숨 소리를 미운 아기 오리가 듣고 말았어요.

"나 때문에 엄마가 너무 괴로워하는구나. 미운 내가 사라지는 것이 좋을 거야."

아기 오리는 모두 잠든 틈을 타서 살그머니 집을 나섰어요.
"엄마, 안녕……."
엄마 오리 곁을 떠난 미운 아기 오리는 풀숲으로 들어갔어요.
몸집이 커서 움직일 때마다 풀숲이 일렁일렁 춤을 추었어요. 그 소리에 작은 새들이 놀라 푸드득, 높이 날아올랐어요.

잠깐만요!

같이 태어난 오리 형제들도 미운 아기 오리를 미워했어요.
형제들은 뭐라고 하면서 미운 아기 오리를 괴롭혔나요?

"저 새들도 내가 보기 싫은가 봐. 당연해. 나는 못생겼으니까."
다음 날, 미운 아기 오리는 시끄러운 소리에 눈을 떴어요. 들오리 여러 마리가 미운 아기 오리를 내려다보고 있었어요.
"너는 대체 누구냐?"
"나, 나도 오리예요."

미운 아기 오리는 덜덜 떨며 대답했어요.
"너도 오리라고! 정말 꼴불견이구나."
"너처럼 미운 오리는 처음이야."
그 때 탕탕! 요란한 총소리가 들렸어요. 그리고 오리 두 마리가 풀숲으로 툭 떨어졌어요.
다른 오리들은 허겁지겁 갈대밭 속으로 몸을 숨겼어요. 미운 아기 오리도 몸을 숨겼어요.
"컹컹컹!"
사납게 생긴 사냥개 한 마리가 물을 튕기며 빠르게 달려왔어요. 사냥개는 미운 아기 오리가 숨어 있는 갈대 옆에서 코를 킁킁거렸어요. 그러더니 쓰러져 있는 오리를 물고 다른 데로 가 버렸지요.
"내가 너무 밉게 생겨서 사냥개도 거들떠보지 않는구나."
갈대를 빠져나온 미운 아기 오리는 하루 종일 걸었어요. 그러다 해가 뉘엿뉘엿 질 무렵 숲 속 작은 집 앞에서 걸음을 멈추었지요.
그 집에는 할머니와 고양이 한 마리, 그리고 암탉 한 마리가 살고 있었어요.
미운 아기 오리를 발견한 할머니는 몹시 기뻐했어요.

미운 아기 오리는 정말 못생겼을까요 15

"앞으로는 오리알도 먹게 되었구나. 우리 같이 살자꾸나."
그렇지만 고양이와 암탉은 미운 아기 오리를 못마땅해 했어요.
"너는 알을 낳을 수 있니?"
"등을 동그랗게 구부리고, 목을 가르릉가르릉 울리고, 또 눈에서 불꽃을 튕길 수가 있니?"
닭과 고양이가 번갈아가며 물었어요. 미운 아기 오리는 고개만 살레살레 저었어요.
"아무짝에도 쓸모가 없잖아. 그럼 구석에서 꼼짝 말고 앉아 있어."

"나는 물 위를 헤엄치며 잘 놀아요. 물속으로 쏙 들어가서 놀면 기분이 정말 상쾌해져요."

미운 아기 오리는 용기를 내어 말했어요.

"흥, 그것도 자랑이라고 하는 거니? 밖에 나가고 싶은 모양인데 네 멋대로 해."

암탉과 고양이는 미운 아기 오리가 못마땅했기 때문에 붙잡지 않았어요.

할머니 집을 나온 미운 아기 오리는 곧바로 연못을 찾아갔어요.

물은 아주 시원했지요. 물 위를 헤엄쳐 다니기도 하고 물속에 몸을 집어넣고 이리저리 돌아다니면서 실컷 놀았어요.

한 달이 지나고, 두 달이 지나고, 여러 달이 지났어요.

꽃잎들이 서서히 시들어가고 빨갛고 노랗게 물이 들었던 나뭇잎들도 뚝뚝 떨어졌어요. 고추잠자리들도 하나둘 사라졌고요.

하루가 다르게 추워지고 있었지만 미운 아기 오리는 연못을 맴돌며 혼자 놀았어요. 갈 곳이 없었거든요.

잠깐만요!

할머니는 왜 미운 아기 오리를 발견하고 기뻐했나요?

어느 날이었어요. 저무는 햇살을 받으며 한 떼의 아름다운 새들이 날아가고 있었어요. 털이 하얗고 다리도 길고 정말 우아한 모습이었어요. 미운 아기 오리는 넋을 잃고 새들을 바라보았어요.
"저렇게 아름다운 새들은 처음 봐."
그 새들은 백조였어요. 백조들은 추운 날씨를 피해 따뜻한 나라로 여행을 떠나는 중이었지요.

"어디로 가고 있을까? 나도 저 새들처럼 아름다울 수 없을까?"
미운 아기 오리는 떠나간 새들이 너무도 그리웠어요.

마침내 추운 겨울이 되었어요. 연못이 얼기 시작했지요. 미운 아기 오리는 물이 얼지 않도록 하루 종일 물 위를 헤엄쳐 다녔어요. 그렇지만 하룻밤만 자고 나면 연못은 어느 새 꽁꽁 얼어 있고는 했지요.

"너무 춥고 배가 고파. 엄마가 보고 싶어……."

몸이 꽁꽁 얼어붙은 미운 아기 오리는 그만 정신을 잃고 말았어요. 연못을 지나가던 농부가 미운 아기 오리를 발견했어요.

"이런, 추운 곳에 왜 혼자 떨어져 있을까?"

농부는 미운 아기 오리를 집으로 데려가 따뜻한 난롯가에 놓아두었어요.

미운 아기 오리는 한참 후에 정신을 차렸어요.

"와, 오리가 살아났다!"

"내가 가질 거야!"

농부 아이들이 미운 아기 오리를 향해 한꺼번에 달려들었어요.

"저 아이들도 내가 밉게 생겨서 달려드는 거야."

미운 아기 오리는 재빨리 몸을 피했어요. 그렇지만 아이들 손을 아슬아슬하게 피하면서 탁자 위의 우유통과 밀가루를 엎고 말았어요.

"아이구, 이게 뭐야! 밀가루가 사방에 흩어져서 앞이 안 보일 지경이잖아! 당장 꺼져!"

농부 아내는 빗자루를 휘두르며 미운 아기 오리를 쫓아냈어요.

잠깐만요!

미운 아기 오리는 갈 곳이 없어서 추운 겨울에도 연못을 떠나지 않았어요. 정신을 잃은 미운 아기 오리를 누가 발견했나요?

"여기에서도 내가 머물 수가 없구나. 당연해. 내가 너무 밉게 생겼으니까."

미운 아기 오리는 풀숲에서 겨울을 지내기로 했어요. 추운 겨울 동안 미운 아기 오리가 겪은 고생은 이루 말할 수가 없었어요.

"내가 못생겨서 고생하는 걸 어떻게 해."

미운 아기 오리는 따뜻한 봄을 기다리며 꿋꿋하게 견뎌냈어요.

해님이 다시 따뜻하게 빛나고 종달새가 쫑쫑쫑, 노래를 부르기 시작했어요. 봄이 돌아왔지요.

어느 날 잠에서 깨어난 미운 아기 오리는 겨드랑이가 가려워서 견딜 수가 없었어요.

"오랫동안 헤엄을 치지 못해서 그럴 거야. 어서 연못으로 가서 헤엄을 치고 놀아야지."
 미운 아기 오리는 겨드랑이가 가려워서 날개를 펄떡거렸어요.

그런데 이게 웬일일까요? 몸이 가볍게 위로 둥실 떠오르지 뭐예요.
"우와, 내가 날았어. 내가 날았다고!"
미운 아기 오리는 날개에 힘을 주고 더 높이 날아보았어요.
나뭇가지 위에 앉았다가 날아보고 바위 위에 앉았다가 날아보기도 했어요.
아무리 높이 날아도 무섭지 않았어요. 가슴이 뻥 뚫리듯이 시원하기만 했지요.

잠깐만요!

추운 겨울 동안 고생을 했던 미운 아기 오리가 마침내 하늘을 날았어요. 미운 아기 오리는 얼마나 행복해 했나요?

　저 아래로 파란 풀밭이 보이고 그 가운데로 넓은 호수가 보였어요.
　"저 호수에 내려가서 뭘 좀 먹으면서 헤엄치고 놀자."
　미운 아기 오리는 호수 쪽으로 날아갔어요. 그런데 그 호수에는 새하얀 백조 세 마리가 놀고 있었어요. 지난 늦가을에 보았던 그 새들이 분명했어요.
　미운 아기 오리는 새들이 반가웠지만 다가갈 용기는 내지 못했어요.
　"저렇게 아름답고 예쁜 새들은 못생긴 나를 더 미워할 거야."
　미운 아기 오리는 다른 데로 날아가려고 했어요.
　그런데 그 때였어요.

"얘, 어서 와. 너는 누구니?"
"우리하고 같이 놀자."
뒤에서 아름다운 목소리가 들려 왔어요.
"어머나, 나를 부르다니!"
미운 아기 오리는 부끄러워하며 백조들 곁으로 다가갔어요.
"나를 불러 줘서 정말 고마워요."
미운 아기 오리는 백조들이 고마워서 고개를 숙여 인사를 했어요.
그러다가 물 위에 비친 모습 하나를 보았어요.
새하얀 털에 길고 늘씬한 목을 지닌 아름다운 모습 하나가 자기를 올려다보고 있었어요. 그건 바로 미운 아기 오리의 모습이었어요.

"이게 내 모습이야? 정말 믿을 수가 없어!"

미운 아기 오리는 앞에 있는 백조들 모습과 물 그림자를 번갈아 보았어요. 정말 똑같이 닮은 모습이었어요.

"아, 나는 백조였구나!"

이제는 미운 아기 오리가 아니었어요. 아름다운 아기 백조였지요.

아기 백조는 기쁨의 눈물을 흘렸어요.

"그 동안 많이 힘들었구나. 너처럼 건강하고 멋진 친구를 사귈 수 있어서 참 좋아. 우리 친하게 지내자."

큰 백조들은 울고 있는 아기 백조를 따뜻하게 안아 주었어요.

그 때 몇 명의 아이들이 빵 부스러기와 보리를 물속에 던지며 소리를 질렀어요.

"저기 백조들이 있다!"

"와, 예쁜 아기 백조도 있네!"

아기 백조는 너무도 행복했어요.

"나는 미운 오리가 아니었어. 아름다운 백조였어!"

아기 백조는 하늘을 향해 훨훨 날았어요.

"자, 새로운 친구야! 우리 함께 하늘 높이 날아 보자!"

아기 백조는 다른 백조들을 따라 하늘을 향해 날아올랐지요.

"이렇게 행복한 날이 올 줄은 꿈에도 몰랐어!"

아기 백조는 다른 백조들과 나란히 하늘을 날며 크게 외쳤어요.

잠깐만요!

미운 아기 오리는 자신이 백조라는 사실도 모르고 오리들과 다르다는 것만 생각하며 못생긴 모습을 부끄러워했지요. 아기 백조는 뭐라고 하면서 하늘을 날았나요?

생각지도 랄랄라

'미운 아기 오리'를 읽고 떠오르는 생각을
재미있게 생각지도로 그려 보도록 해요.

퀴즈가 으쓱으쓱

- 미운 아기 오리가 처음 태어났을 때의 모습은 어떻게 생겼나요?

- 미운 아기 오리는 집을 떠나 여러 곳을 떠돌아다녔어요. 그렇지만 왜 한곳에 오래 머물지 못했나요?

- 추운 겨울 동안 미운 아기 오리는 연못에서 혼자 지냈어요. 연못이 꽁꽁 얼어 붙기 시작하자 미운 아기 오리는 어떻게 했나요?

얼마나 책을 꼼꼼하게 읽었을까요? 이야기해 볼까요?

- 미운 아기 오리는 무사히 겨울을 보냈어요. 어느 날 겨드랑이가 가려워서 견딜 수가 없었을 때 미운 아기 오리는 뭐라고 했지요?

- 마침내 미운 아기 오리는 백조가 되었어요. 그 동안 자신이 백조인지도 모르고 너무 밉게 생겼다면서 부끄러워 하기만 했지요. 이제 아기 백조는 어떻게 살아갈 것 같은가요?

생각이 깡충깡충

재미있게 생각을 바꿔 보아요. 바꾼 생각을 이야기해 보세요.

미운 아기 오리가 집을 나갔어요. 엄마 오리는 몹시 슬펐어요. 다른 아기 오리들은 슬퍼하는 엄마 오리를 보면서 미운 아기 오리를 미워했던 것을 후회했어요. 이제부터 아기 오리들이 어떻게 할까요?

미운 아기 오리는 할머니 집에서 살게 되었지요. 그 집에는 암탉과 고양이가 살고 있었어요. 암탉과 고양이는 미운 아기 오리를 귀여워했어요.
미운 아기 오리는 할머니 집에서 어떻게 지낼 것 같은가요?

백조들이 미운 아기 오리를 보고 단박에 백조라는 것을 알아차렸어요. 그래서 같이 따뜻한 곳으로 가서 겨울을 지내자고 했지요. 미운 아기 오리는 그 말을 듣고 뭐라고 했을까요?

미운 아기 오리는 봄이 되자 집으로 다시 돌아가고 싶었어요. 오리 가족과 다른 친구들이 미운 아기 오리를 어떻게 대할까요?

미운 아기 오리는 많은 고생을 한 뒤에 아름다운 백조가 되었어요. 아름다운 백조를 뽑는 대회에 나간 아기 백조는 뭐라고 말을 할까요?

이야기가 술술술 ①

새롭게 꾸며진 이야기입니다. 소리내어 읽어 볼까요?
그리고 끝 내용에 맞추어 다음 이야기를 상상해 보고
친구들에게 들려주세요.

　미운 아기 오리가 심술이 났어요. 형제 오리들은 모두 예쁜데 자기만 밉게 생겼다면서 엄마 오리한테 화를 냈어요.
　"왜 나만 밉게 생겼어요? 다른 언니 오빠들처럼 나도 예쁘고 귀엽게 생기고 싶단 말예요."
　그런 말을 들을 때마다 엄마 오리는 몹시 마음이 아팠어요.
　"아기들은 자라면서 얼굴이 많이 변한단다. 너도 분명히 예뻐질 거야."

엄마 오리가 그렇게 말하자 미운 아기 오리는 조금 화가 풀렸어요.

"엄마, 나는 뭐를 잘하는 것 같아요?"

"고양이가 너를 물려고 달려들면 너는 누구보다 빠르게 달아날 수 있는 튼튼한 두 다리를 갖고 있어."

엄마 오리 말에 미운 아기 오리는 어깨를 으쓱였어요.

"너는 마음씨도 착하잖아. 네가 어른이 되면 아기 오리들을 사랑하는 좋은 엄마 오리가 될 거야."

엄마 오리는 미운 아기 오리를 안아 주며 다정하게 말해 주었어요.

이야기가 술술술 ❶ - 그림 그리기

미운 아기 오리가 꽃밭을 찾아갔어요. 예쁘게 색칠해 볼까요?

미운 아기 오리는 꽃을 보며 무슨 생각을 할까요?

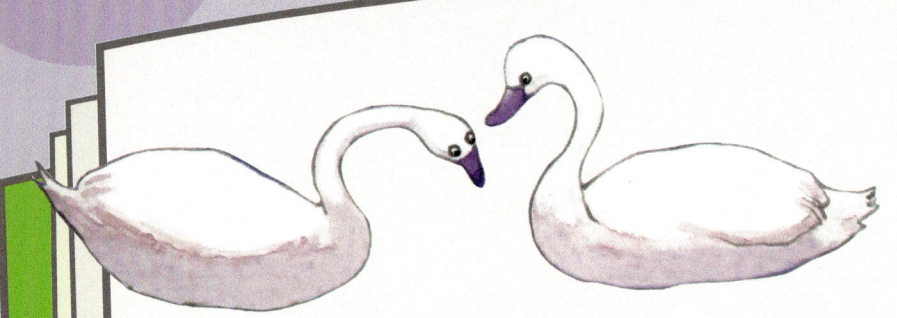

이야기가 술술술 ②

새롭게 꾸며진 이야기입니다. 소리내어 읽어 볼까요?
그리고 끝 내용에 맞추어 다음 이야기를 상상해 보고
친구들에게 들려주세요.

다시 겨울이 돌아왔어요. 그 동안 백조들 사이에서 가장 아름다운 백조가 된 아기 백조는 따뜻한 나라로 날아가야 해요.
"떠나기 전에 엄마 오리를 만나고 싶어."
엄마 오리는 미운 아기 오리가 떠난 뒤에 그만 병이 나고 말았어요.
"엄마, 제가 미운 아기 오리예요."
아기 백조가 찾아와 그렇게 말하자 엄마 오리는 깜짝 놀랐어요.

"너는 오리가 아니라 아름다운 백조였구나. 그래서 다른 알보다 생김새도 크고 단단했었어."

엄마 오리는 아기 백조가 너무 고마웠어요.

"네가 떠난 뒤에 다른 형제들도 너를 미워한 것을 후회하며 보고 싶어 했단다."

"제가 엄마 품에서 편안하게만 살았다면 아름다운 백조가 되지 못했을 거예요. 백조는 날개가 튼튼해야 하잖아요."

아기 백조의 말에 엄마 오리는 눈물만 흘렸어요.

이야기가 술술술 ❷ - 그림 그리기

미운 아기 오리가 찾아간 할머니 집이에요. 예쁘게 색칠해 볼까요?

할머니집 마당에 무엇이 더 있었으면 좋을까요?

마음이 쑥쑥쑥

동화 속에 나오는 주인공들을 칭찬해 볼까요?
칭찬을 들으면 모두들 좋아할 거예요.
그리고 타일러 주기도 해 보세요. 아마 더 잘하려고 노력할 거예요.

엄마 오리에게 어떤 칭찬을 들려주면 좋아할까요?

엄마 오리는 정말 훌륭해요.

왜냐하면 _____
_____

엄마 오리를 어떤 말로 타일러 줄까요?

엄마 오리는 이런 점만 고치면 정말 좋을 거예요.

뭐냐면 _____
_____

미운 아기 오리에게 어떤 칭찬을 들려주면 좋아할까요?

미운 아기 오리야! 너는 정말 착해.

왜냐하면 _____

_____

미운 아기 오리를 어떤 말로 타일러 줄까요?

미운 아기 오리야! 너는 이런 점만 고치면 정말 좋을 거야.

뭐냐면 _____

_____

백조들에게 어떤 칭찬을 들려주면 좋아할까요?

백조들아! 너희는 정말 착해.

왜냐하면 _____

_____

백조들을 어떤 말로 타일러 줄까요?

백조들아! 너희는 이런 점만 고치면 정말 좋을 거야.

뭐냐면 _____

_____

<권장도서>

■ 읽기와 쓰기부터
  어휘력·문해력·문장력까지 공부의 기초체력을 키워줍니다.

▶ 어린이 문장강화 (검색하십시오)

① 일기 잘쓰는 법
② 생활문 잘쓰는 법
③ 논설문 잘쓰는 법
④ 설명문 잘쓰는 법
⑤ 독서감상문 잘쓰는 법
⑥ 관찰기록문 잘쓰는 법
⑦ 웅변연설문 잘쓰는 법
⑧ 기행문 잘쓰는 법
⑨ 편지글 잘쓰는 법
⑩ 동시 잘쓰는 법
⑪ 희곡 잘쓰는 법
⑫ 동화 잘쓰는 법
⑬ 원고지 사용법

※ 사가독서(賜暇讀書)란 세종대왕 때 집현전 젊은 학자들에게
  휴가를 주어 독서에 전념하게 하는 제도입니다.

▶어떻게 가르칠까요?

「미운 오리 새끼」읽고 토론·논술 따라잡기

미운 아기 오리는 정말 못생겼을까요

9 페이지
엄마 오리는 새로 태어난 아기 오리를 보고 왜 깜짝 놀랐나요?

🍅 **선생님 코너**

답 꽥꽥꽥, 우는 소리도 요란하고 몸집도 다른 아기 오리들보다 훨씬 컸어요. 또 너무 못생겼고요.

답 엄마들은 태어난 아기들이 건강하고 예쁘게 생겼기를 바라는데 엄마 오리는 이상하게 생긴 아기 오리를 보고 깜짝 놀랐겠지요?

설명 내가 건강하고 씩씩하게 자라는 것이 부모님의 희망이라는 것을 일깨워 줍니다.

질문 내가 태어나 처음으로 찍은 사진 속의 모습이 어땠는지 발표하게 합니다.

13 페이지
같이 태어난 오리 형제들도 미운 아기 오리를 미워했어요.
형제들은 뭐라고 하면서 미운 아기 오리를 괴롭혔나요?

🍅 **선생님 코너**

답 "너처럼 미운 오리가 우리 형제라는 것이 너무 부끄러워!" 하고 말했어요.

답 그런데 다른 형제들은 착한 오리들이 아닌 것 같지요? 미운 아기 오리를 미워하면 엄마 오리가 얼마나 마음 아파할지를 몰랐을까요?

설명 형제들과 사이좋게 지내야 하고 형제는 세상에서 가장 소중한 존재라는 것을 설명해 줍니다.

질문 나는 우리 가족과 어디가 다른가를 발표하게 합니다.

17 페이지
할머니는 왜 미운 아기 오리를 발견하고 기뻐했나요?

🍅 **선생님 코너**

답 앞으로는 오리알도 먹게 됐다면서 같이 살자고 했어요.

답 그런데 미운 아기 오리는 너무 자신이 없어요. 암탉이나 고양이는 미운 아기 오리처럼 헤엄을 칠 줄 모르는데, 왜 아무 자랑도 하지 못했을까요?

설명 자기 자신의 장점과 좋은 점을 당당하게 내세울 줄 알아야 한다는 것을 일깨워 줍니다.

질문 내가 미운 아기 오리라면 어떤 점을 자랑할 것인지를 발표하게 합니다.

21 페이지
미운 아기 오리는 갈 곳이 없어서 추운 겨울에도 연못을 떠나지 않았어요. 정신을 잃은 미운 아기 오리를 누가 발견했나요?

🍅 **선생님 코너**

답 연못을 지나가던 농부가 발견해서 집으로 데려갔어요.

답 그런데 미운 아기 오리는 많은 고생을 하면서 여러 가지를 배웠을 거예요. 그래서 나중에는 누구보다 강하고 씩씩하게 될 거예요.

설명 온실에서 자라는 화초보다 바깥에서 비바람을 맞으며 자라는 꽃이 훨씬 더 강하다는 것을 일깨워 줍니다.

질문 내가 겪은 일 중에서 가장 힘들었던 것이 무엇인가를 발표하게 합니다.

25 페이지
추운 겨울 동안 고생을 했던 미운 아기 오리가 마침내 하늘을 날았어요. 미운 아기 오리는 얼마나 행복해 했나요?

🍅 선생님 코너

답 날 수 있다고 소리를 지르면서 나뭇가지 위에 앉았다가 날아 보고, 바위 위에 앉았다가 날아 보기도 했어요.

답 그런데 미운 아기 오리가 어려움을 견뎌 내지 못했다면 다시 따뜻한 봄을 맞이할 수도 없었고 하늘을 훨훨 날 수도 없었겠지요?

설명 미운 아기 오리는 그 동안 자신의 힘으로 꿋꿋하게 잘 견뎌 냈기 때문에 건강하게 훨훨 날 수 있게 되었다는 것을 일깨워 줍니다.

질문 내가 만약 미운 아기 오리라면 훨훨 날아서 어디로 가고 싶을까를 발표하게 합니다.

29 페이지
미운 아기 오리는 자신이 백조라는 사실도 모르고 오리들과 다르다는 것만 생각하며 못생긴 모습을 부끄러워했지요. 아기 백조는 뭐라고 하면서 하늘을 날았나요?

🍅 선생님 코너

답 "나는 미운 오리가 아니었어. 아름다운 백조였어." 하고 소리를 지르며 하늘을 날았어요.

답 그런데 아기 백조가 자기는 너무 밉다는 생각을 좀더 일찍 버렸다면 훨씬 빨리 행복해지지 않았을까요?

설명 무슨 일이든 자신 있게 해야 된다는 것과 할 수 있다는 자신감보다 중요한 것은 없다는 것을 일깨워 줍니다.

질문 남들은 별로 칭찬하지 않지만 나의 어떤 모습이 좋다고 생각하는지 발표하게 합니다.

메모

 30 페이지
생각지도 랄랄라

'미운 아기 오리'를 읽고 떠오르는 생각을 재미있게 생각지도로 그려 보도록 해요.

 선생님 코너

내용을 떠오르는 대로 그림으로 그려 보도록 합니다. 떠올린 내용을 자유스럽게 그림으로 그리다 보면 전체적인 내용이 한 번 더 머릿속에 새겨질 것입니다.

 32 페이지
퀴즈가 으쓱으쓱

얼마나 책을 꼼꼼하게 읽었을까요? 이야기해 볼까요?

1) 미운 아기 오리가 처음 태어났을 때의 모습은 어떻게 생겼나요?

 선생님 코너

답 미운 아기 오리는 꽥꽥꽥, 우는 소리도 요란하고 몸집도 다른 아기 오리들보다 훨씬 컸고 너무 못생겼어요.

설명 나하고 다르게 생겼어도 세상의 모든 생명은 다 같이 소중하다는 것을 일깨워 줍니다.

질문 만약에 내가 미운 아기 오리였다면 어떻게 자신감을 가졌을까를 발표하게 합니다.

2) 미운 아기 오리는 집을 떠나 여러 곳을 떠돌아다녔어요. 그렇지만 왜 한곳에 오래 머물지 못했나요?

 선생님 코너

답 자기가 너무 밉게 생겨서 모두들 싫어한다고 생각했어요.

설명 겉모습이 밉게 생겼다고 자신 없어 하지 말고 잘할 줄 아는 것을 당당하게 표현하는 것이 더 중요하다고 일깨워 줍니다.

질문 내가 엄마 오리라면 자신이 밉다고 생각하는 미운 아기 오리에게 무슨 말로 타일러 줄까를 발표하게 합니다.

3) 추운 겨울 동안 미운 아기 오리는 연못에서 혼자 지냈어요. 연못이 꽁꽁 얼어 붙기 시작하자 미운 아기 오리는 어떻게 했나요?

🍅 선생님 코너

답 얼음이 얼지 못하게 하려고 하루 종일 물 위를 헤엄쳐 다녔지만 하룻밤만 자고 나면 연못은 어느 새 꽁꽁 얼어 있고는 했어요.

설명 추운 겨울에 연못에서 지내면 죽을 수도 있다는 것을 생각했다면 미운 아기 오리는 다른 방법을 찾았어야 한다는 것을 일깨워 줍니다.

질문 내가 미운 아기 오리였다면 어떤 방법으로 추운 겨울을 이겨낼 것인가를 발표하게 합니다.

4) 미운 아기 오리는 무사히 겨울을 보냈어요. 어느 날 겨드랑이가 가려워서 견딜 수가 없었을 때 미운 아기 오리는 뭐라고 했지요?

🍅 선생님 코너

답 오랫동안 헤엄을 치지 못해서 그럴 거라면서 어서 연못으로 가서 헤엄을 치며 놀아야겠다고 했어요.

설명 누구나 한 가지 장점은 가졌다는 것과 내가 잘하는 것이 자랑스러운 것처럼 다른 친구가 잘할 수 있는 것도 자랑스러운 것임을 일깨워 줍니다.

질문 내 친구가 가장 잘하는 것이 무엇인가를 발표하게 합니다.

5) 마침내 미운 아기 오리는 백조가 되었어요. 그 동안 자신이 백조인지도 모르고 너무 밉게 생겼다면서 부끄러워하기만 했지요. 이제 아기 백조는 어떻게 살아갈 것 같은가요?

🍅 선생님 코너

답 아름답고 우아한 백조가 됐으니까 연못에서 다른 백조 친구들과 헤엄을 치면서 행복하게 살 거예요.

설명 힘들었던 미운 아기 오리 시절이 있었기 때문에 아름다운 백조가 될 수 있었다는 것에 감사하며 살아간다면 훨씬 더 행복할 것이라고 일깨워 줍니다.

질문 나는 어떻게 생겼는지 자신의 모습을 자신있게 발표하게 합니다.

 34 페이지

생각이 깡충깡충

재미있게 생각을 바꿔 보아요. 바꾼 생각을 이야기해 보세요.

1) 미운 아기 오리가 집을 나갔어요. 엄마 오리는 몹시 슬펐어요. 다른 아기 오리들은 슬퍼하는 엄마 오리를 보면서 미운 아기 오리를 미워했던 것을 후회했어요. 이제부터 아기 오리들이 어떻게 할까요?

> 🍅 선생님 코너
> 답 엄마한테 죄송하다고 말하고 미운 아기 오리를 찾아 나설 것 같아요.
> 답 미운 아기 오리를 찾아내어 집으로 데려올 것 같아요.
> 답 다른 오리들을 찾아다니면서 미운 아기 오리를 더 이상 미워하지 말라고 부탁할 것 같아요.

2) 미운 아기 오리는 할머니 집에서 살게 되었지요. 그 집에는 암탉과 고양이가 살고 있었어요. 암탉과 고양이는 미운 아기 오리를 귀여워했어요. 미운 아기 오리는 할머니 집에서 어떻게 지낼 것 같은가요?

> 🍅 선생님 코너
> 답 미운 아기 오리는 헤엄치는 것을 아주 좋아해요. 조금 살다가 다시 연못으로 갔을 거예요.
> 답 암탉과 고양이를 따라다니면서 즐겁게 놀 것 같아요.
> 답 암탉이 알을 낳을 줄 아는 것을 자랑하고 고양이가 등을 구부리고 가르릉 하는 소리를 내는 것을 자랑하듯이 미운 아기 오리도 헤엄 실력을 자랑하면서 살 거예요.

3) 백조들이 미운 아기 오리를 보고 단박에 백조라는 것을 알아차렸어요. 그래서 같이 따뜻한 곳으로 가서 겨울을 지내자고 했지요. 미운 아기 오리는 그 말을 듣고 뭐라고 했을까요?

> 🍅 선생님 코너
> 답 자기를 놀리는 줄 알고 가지 않겠다고 거절했을 거예요.
> 답 너무 좋아서 두 날개를 퍼득이며 "나는 백조였어!" 하고 소리쳤을 거예요.

답 엄마 오리와 형제들을 찾아가서 자기가 왜 그렇게 다른 오리들과 달랐는가를 말해줄 거예요.

4) 미운 아기 오리는 봄이 되자 집으로 다시 돌아가고 싶었어요. 오리 가족과 다른 친구들이 미운 아기 오리를 어떻게 대할까요?

🍅 선생님 코너

답 엄마 오리는 반가워서 울 거예요. 형제 오리들과 친구들도 미운 아기 오리를 미워한 것을 사과할 거예요..

답 모두들 미운 아기 오리 소식이 궁금했었기 때문에 반가워서 잔치를 열 거예요.

답 다르게 변해버린 미운 아기 오리 모습을 보고 모두들 놀랄 거예요.

5) 미운 아기 오리는 많은 고생을 한 뒤에 아름다운 백조가 되었어요. 아름다운 백조를 뽑는 대회에 나간 아기 백조는 뭐라고 말을 할까요?

🍅 선생님 코너

답 "저는 힘든 고생도 꿋꿋하게 견뎌 냈던 것을 가장 자랑스럽게 여긴답니다."

답 "저는 다른 오리알보다 크기도 크고 껍질도 단단했지만 저를 끝까지 품어서 태어나게 해 준 엄마 오리가 너무 고맙답니다."

답 "힘든 고생을 견뎌 내지 못했다면 저는 아름다운 백조가 되기 전에 사라졌을지도 모릅니다."

메모

36 페이지
이야기가 술술술 · 1

새롭게 꾸며진 이야기입니다. 소리내어 읽어 볼까요? 그리고 끝 내용에 맞추어 다음 이야기를 상상해 보고 친구들에게 들려주세요.

　　미운 아기 오리가 심술이 났어요. 형제 오리들은 모두 예쁜데 자기만 밉게 생겼다면서 엄마 오리한테 화를 냈어요.
　　"왜 나만 밉게 생겼어요? 다른 언니 오빠들처럼 나도 예쁘고 귀엽게 생기고 싶단 말예요."
　　그런 말을 들을 때마다 엄마 오리는 몹시 마음이 아팠어요.
　　"아기들은 자라면서 얼굴이 많이 변한단다. 너도 분명히 예뻐질 거야."
　　엄마 오리가 그렇게 말하자 미운 아기 오리는 조금 화가 풀렸어요.
　　"엄마, 나는 뭐를 잘하는 것 같아요?"
　　"고양이가 너를 물려고 달려들면 너는 누구보다 빠르게 달아날 수 있는 튼튼한 두 다리를 갖고 있어."
　　엄마 오리 말에 미운 아기 오리는 어깨를 으쓱였어요.
　　"너는 마음씨도 착하잖아. 네가 어른이 되면 아기 오리들을 사랑하는 좋은 엄마 오리가 될 거야."
　　엄마 오리는 미운 아기 오리를 안아 주며 다정하게 말해 주었어요.

선생님 코너

어린이들이 자유롭게 상상하여 이야기를 하게 합니다. 조리 있게 이야기하는 실력을 향상시킬 수 있습니다.

38 · 39 페이지
이야기가 술술술 · 1 – 그림 그리기

- 미운 아기 오리가 꽃밭을 찾아갔어요. 예쁘게 색칠해 볼까요?
- 미운 아기 오리는 꽃을 보며 무슨 생각을 할까요?

10

40 페이지
이야기가 술술술 · 2

새롭게 꾸며진 이야기입니다. 소리내어 읽어 볼까요? 그리고 끝 내용에 맞추어 다음 이야기를 상상해 보고 친구들에게 들려주세요.

다시 겨울이 돌아왔어요. 그 동안 백조들 사이에서 가장 아름다운 백조가 된 아기 백조는 따뜻한 나라로 날아가야 해요.

"떠나기 전에 엄마 오리를 만나고 싶어."

엄마 오리는 미운 아기 오리가 떠난 뒤에 그만 병이 나고 말았어요.

"엄마, 제가 미운 아기 오리예요."

아기 백조가 찾아와 그렇게 말하자 엄마 오리는 깜짝 놀랐어요.

"너는 오리가 아니라 아름다운 백조였구나. 그래서 다른 알보다 생김새도 크고 단단했었어."

엄마 오리는 아기 백조가 너무 고마웠어요.

"네가 떠난 뒤에 다른 형제들도 너를 미워한 것을 후회하며 보고 싶어 했단다."

"제가 엄마 품에서 편안하게만 살았다면 아름다운 백조가 되지 못했을 거예요. 백조는 날개가 튼튼해야 하잖아요."

아기 백조의 말에 엄마 오리는 눈물만 흘렸어요.

 선생님 코너

어린이들이 자유롭게 상상하여 이야기를 하게 합니다. 조리 있게 이야기하는 실력을 향상시킬 수 있습니다.

 42 · 43 페이지
이야기가 술술술 · 2 - 그림 그리기

- 미운 아기 오리가 찾아간 할머니 집이에요. 예쁘게 색칠해 볼까요?
- 할머니 집 마당에 무엇이 더 있었으면 좋을까요?

44 페이지
마음이 쑥쑥쑥

동화 속에 나오는 주인공들을 칭찬해 볼까요? 칭찬을 들으면 모두들 좋아할 거예요.
그리고 타일러 주기도 해 보세요. 아마 더 잘하려고 노력할 거예요.

엄마 오리에게 어떤 칭찬을 들려주면 좋아할까요?
엄마 오리는 정말 훌륭해요.
왜냐하면 _____

 선생님 코너

답 다른 오리들이 포기하라고 했는데도 크고 단단하게 생긴 알을 끝까지 품어 주었어.

답 다른 집 오리가 미운 아기 오리를 덥석 물었을 때 몹시 화를 내며 미운 아기 오리를 보호했어. 너는 정말 좋은 엄마야.

엄마 오리를 어떤 말로 타일러 줄까요?
엄마 오리는 이런 점만 고치면 정말 좋을 거야.
뭐냐면 _____

 선생님 코너

답 미운 아기 오리를 끝까지 보호하려고 했다면 다른 형제들도 잘못을 깨닫고 미운 아기 오리를 다정하게 대했을 거야.

답 미운 아기 오리가 집을 떠난 뒤에 금방 찾았다면 미운 아기 오리가 많은 고생을 하지 않았을 거야.

미운 아기 오리에게 어떤 칭찬을 들려주면 좋아할까요?
미운 아기 오리야! 너는 정말 착해.
왜냐하면 _____

 선생님 코너

답 너는 참을성이 있어. 아무리 어려워도 꿋꿋하게 참아 내는 네 용기가 자랑스러웠어.

답 너는 마음씨가 참 착해. 모두들 너를 미워하는데도 아무도 원망하지 않았잖아.

미운 아기 오리를 어떤 말로 타일러 줄까요?
미운 아기 오리야! 너는 이런 점만 고치면 정말 좋을 거야.
뭐냐면 _____

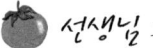 선생님 코너

답 내 자신을 밉다고만 생각하지 말고 장점을 자랑스럽게 보였다면 더 좋았을 거야.
답 겉모습보다 더 중요한 것이 속마음이라는 것을 왜 생각하지 못했어?

백조들에게 어떤 칭찬을 들려주면 좋아할까요?
백조들아! 너희는 정말 착해.
왜냐하면 _____

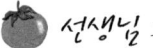 선생님 코너

답 처음 본 아기 백조에게 다정하게 말을 건네주었잖아.
답 그 동안 고생했던 것을 떠올리며 울고 있는 아기 백조를 친절하게 대해 주고 용기를 주었어.

백조들을 어떤 말로 타일러 줄까요?
백조들아! 너희는 이런 점만 고치면 정말 좋을 거야.
뭐냐면 _____

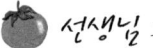 선생님 코너

답 따뜻한 나라로 떠날 때 미운 아기 오리가 사실은 백조였다는 것을 알았다면 왜 같이 떠나자고 안 했어?
답 미운 아기 오리를 조금만 더 관심 있게 살폈다면 미운 아기 오리가 추운 겨울 동안 그렇게 고생하면서 살지 않았을 거야.

「미운 오리 새끼」 읽고 토론·논술 따라잡기
미운 아기 오리는 정말 못생겼을까요

초판 인쇄일 : 2022년 2월 4일
초판 발행일 : 2022년 2월 8일

기획·편집 : 어린이선비교실팀
발행인 : 김종윤
펴낸곳 : 주식회사 자유지성사
등록번호 : 제 2-1173호
등록일자 : 1991년 5월 18일

서울특별시 송파구 위례성대로 8길 58, 202호
전화 : 02) 333-9535 / 팩스 : 02) 6280-9535
E-mail : fibook@naver.com
ISBN : 978-89-7997-375-4 (73800)

어린이선비교실은 자유지성사 편집부 이름입니다.
출판사의 허락없이 무단전재나 복제를 할 수 없습니다.
파본은 구입하신 서점에서 교환하여 드립니다.